AF247825

VIE

DE

LABRE LE MENDIANT

LE MANS. — IMPR. DE JULIEN, LANIER, COSNARD ET Cᵉ.

VIE

DE

LABRE LE MENDIANT

PAR MGR LUQUET

ÉVÊQUE D'HÉSÉBON

ÉPISODE TIRÉ DE LA VOCATION DANS LA VIE SPIRITUELLE
ET DANS LA VIE DU MONDE

PARIS

JULIEN, LANIER, COSNARD ET Cᵉ, ÉDITEURS

4, RUE DE BUCI, 4

1857

VIE

DE

LABRE LE MENDIANT

Non est species ei, neque decor; et
vidimus eum, et non erat aspectus, et
desideravimus eum.

Isai. liii. 2.

I

Benoît-Joseph Labre, né en France[1], mourut à Rome
après y avoir imité, « dans la dernière perfection[2], » la pauvreté de Notre-Seigneur Jésus-Christ, Fils de l'homme,
n'ayant pas sur la terre « où reposer sa tête[3]. » Nous empruntons ces détails à la Vie publiée par J.-L. Marçoni,
qui l'écrivit, dit-il, par obéissance et « per l'amore e
venerazione che ebbi sempre per questo poverello di Gesu
Cristo[4]. »

Un homme aimé de tous quitte une famille qui lui est

---

[1] A Amettes, dans l'ancien diocèse de Boulogne-sur-Mer. — [2] Acte authent.
déposé dans le cercueil du vénérable serviteur de Dieu. — [3] Luc. ix. 58. —
[4] *Ragguaglio della vita del servo di dio Benedetto Giuseppe Labre, francese, etc.* In-8º. Rome, Barbiellini, 1783. Pref., p. xi. « Pour l'amour et
vénération que j'eus toujours pour ce petit pauvre en Jésus-Christ. »

chère, et où il peut jouir d'une certaine aisance. Il va se fixer loin de son pays, sans autres ressources que la Providence, vivant non-seulement en pauvre, mais en mendiant. Doué d'intelligence et naturellement désireux de connaître, il abandonne tout travail humain pour se livrer uniquement à des contemplations dont nul ne connaîtra l'intime secret. Aimant les pauvres, et prenant sa joie dès l'enfance à se priver pour eux de sa propre nourriture, et à les assister dans leurs besoins, il quitte la petite fortune qu'il pouvait employer à les secourir; il se place au dernier rang parmi eux. Il vit et meurt, en un mot, comme l'un de ces êtres que notre délicatesse considère peut-être avec dégoût.

Que sera cet homme pour le monde? un insensé digne de compassion ou de mépris. Et pourtant, devant Dieu, Labre, — telle fut sa vie, — est un enfant glorieux de la cité que le monde ne connaît pas. Hier la sainte Église le déclarait vénérable; demain, peut-être, elle le placera sur les autels.

Rome l'accueillit en reine de l'humilité par l'esprit de foi et d'amour. Au lieu de repousser un étranger qui venait augmenter dans ses murs le nombre de ceux que d'autres étrangers lui reprochent de souffrir, elle lui offrait pour demeure les ruines de son Colisée et les hospices de sa charité. A la porte des établissements pieux, où elle ne laisse mourir de faim aucun pauvre, elle lui permit de prendre sa part au commun secours; elle jugea qu'il developpait suffisamment son intelligence par la contemplation des choses du ciel; qu'il vivait dignement en son cœur par la dilection divine, par l'aumône de l'exemple, par celle des oboles reçues qu'il donnait au prochain. Et quand il mourut d'amour sur les degrés de l'église où il avait tant de fois prié [1], elle lui réserva une sépulture honorable, en attendant le jour où elle viendra peut-être le glorifier devant toute la terre.

Benoît-Joseph Labre annonça dès l'enfance, et continua toute sa vie, ce que nous venons de dire. « Il se distinguait de ceux de son âge par sa modestie, sa piété, sa docilité, sa douceur [2], faisant toujours promptement et gaiement ce qu'on lui commandait; se conduisant si bien envers tous, qu'il n'occasionnait jamais aucun trouble dans sa famille. « Il était d'une patience merveilleuse à supporter et à souffrir les défauts de chacun, ce qui rendait cet enfant des plus aimables et des plus chers [3]. D'ailleurs, il était gai avec les autres et toujours content [4]. » Jusqu'à la fin de sa vie, « il suffisait de le considérer pour entrer en joie [5]. »

Il avait à peine cinq ans, et déjà il goûtait les attraits intérieurs qui le portaient vers Dieu. Les livres où l'esprit de l'homme expose, selon sa portée, les merveilles divines; la parole sainte écrite dans nos langues de la terre, lui donnaient un vif désir d'acquérir les connaissances élémentaires dont cet âge sent généralement peu le prix. « Son unique but, en cette ardeur pour apprendre, était de lire par lui-même les premiers éléments de notre religion, dont il était épris, et de les écrire de sa propre main [6]. » Il avait soif de connaître, par tous les moyens, ces vérités que le Verbe divin lui enseignait dès lors, non plus seulement dans la langue charnelle, ni par la voix de l'ange, ni par le bruit de la nuée, ni par l'énigme de la parabole. » Il puisait dès lors

---

[1] La Madonna dei Monti. — [2] Déposit. d'un de ses maîtres. *Ragguaglio della vita del servo di Dio Benedetto Giuseppe Labre*, p. 15. — [3] Dép. de ses parents. *Ibid.*, p. 19. — [4] Lettre de son oncle. *Ibid.*, p. 11. — [5] *Ibid.*, p. 11. — [6] *Ibid.*, p. 4, 5, et dép. d'un de ses maîtres, *loc. cit.*, p. 16.

avec transport, à l'intarissable source, l'abondance de ces vérités qu'il entendait en Dieu, alors que « la dernière voix de la créature s'évanouissait dans le silence, après avoir élevé son âme vers le créateur de toute chose[1]. » Tel il fut à cet âge ; tel on nous le représente jusqu'aux derniers jours de sa vie dans cette belle image que nous aimons à reproduire dès maintenant. A Rome, on le voyait « dans les lieux les plus retirés des églises, tenant son livre ouvert de la main droite qu'il appuyait sur le bras gauche. Il y jetait un regard de temps en temps ; puis il élevait la tête peu à peu, les yeux fermés, entièrement plongé dans ses pensées, comme en extase et hors de sens[2]. »

L'ardeur toute recueillie de ses premières études, jointe à sa facilité naturelle, lui donna bientôt l'intelligence des livres qui lui parlaient de Dieu, car il n'en lut pas d'autres. Il en fit l'occupation la plus chère de ces années où se manifestait, avec son goût de solitude et de prière, un amour peu commun de la pénitence. « Il s'était proposé de former en lui-même une image du Sauveur aussi parfaite que possible, en modelant son cœur sur le cœur divin. A la première communion, il ressentit vivement « le dégoût que cette manne céleste commençait à lui donner pour toute autre chose, même pour les aliments nécessaires au soutien du corps[3]. » Il dut aux communications divines de cette époque le recueillement dont il devait donner un jour de si beaux exemples, et qui déjà le rendait « modeste et dévot dans l'église, assistant aux saints offices sans jamais se remuer[4]. »

---

[1] S. Augustin. *Conf.* lib. IX, c. x. — [2] *Ragguaglio della vita del servo di Dio Benedetto Giuseppe Labre*, p. 96. — [3] *Ibid.*, p. 6 et 25. — [4] Lettre de l'évêque de Boulogne. *Ibid.*, p. 28.

C'est là qu'il puisait « l'esprit de détachement des choses de la terre [1], » croissant avec l'âge pour arriver à l'héroïsme. Il trouvait enfin, dans les inspirations de la charité du cœur de Jésus, une abondante source d'amour pour le prochain. Il en offrit les plus belles preuves. On le vit « donner souvent son pain à un pauvre par sa fenêtre, au lieu de le manger [2]. » Il se prodigua pendant la maladie contagieuse d'Érin, « paroisse de son oncle, où beaucoup succombèrent à la violence du mal. Oubliant son amour de la solitude, il accourait partout où l'appelait la charité, sans égard pour sa propre vie. Charité humble et industrieuse, au point de le transformer en garçon d'écurie pour les pauvres avec une édification qui touchait le cœur de chacun [3]. »

II

Benoît-Joseph vécut ainsi jusqu'à l'âge de quinze ans. A cette époque il songea sérieusement à examiner l'état de vie qu'il lui serait le plus utile d'embrasser. Un ordre religieux, pénitent et solitaire, lui parut devoir fixer son choix, et il jeta les yeux sur une maison de la Trappe. Il mûrit ce projet devant Dieu pendant une année; après quoi, sur l'avis de son oncle, il partit pour Amettes, afin d'obtenir de son père et de sa mère le consentement désiré. Ses parents ne purent, cette fois, se décider à le satisfaire. Trois ans après ils agréèrent son projet; mais à la Trappe on le trouva trop jeune et trop faible, et on l'ajourna. Dieu commençait à lui montrer qu'il ne l'appelait pas à la pauvreté dans l'état religieux,

---

[1] Dép. des parents. *Ragguaglio, etc.*, p. 33. — [2] Lettre de l'évêque de Boulogne. *Ibid.*, p. 28. — [3] *Ibid.*, p. 34 et 35.

où « elle est fort aimable, » mais à « la pauvreté méprisée, rejetée et nécessiteuse[1], » ressemblant plus encore sous ce point de vue à l'indigence de Marie, de Joseph et de Jésus de Nazareth.

Espérant abréger les retards qu'on lui opposait à la Trappe, il se présenta quelque temps après chez les Chartreux de Montreuil, qui l'ajournèrent aussi. Plus heureux à Longuenesse, « il crut avoir mis le pied sur la terre promise[2]; » mais les épreuves intérieures qu'il y souffrit ne lui permirent pas d'y rester plus de six semaines. Il retourna dans sa famille, jetant encore un regard d'espérance vers la Trappe et vers Montreuil, où on l'admit en effet. Ce n'était point là encore le lieu de son repos.

Dieu l'avait fait intelligent; il lui rendit la science humaine impossible. Une lumière plus haute ravissait son cœur, et mettait son esprit hors d'état de s'appliquer aux notions inférieures que donne le savoir humain[3]. Il était par nature « non-seulement très-capable de se régler lui-même, mais il eût encore gouverné une multitude[4]; » Dieu le réduisit par grâce à un état de vie tel qu'on disait de lui : « Ou cet homme est un fou, ou bien il est un saint[5]. » Il était appelé à l'oraison et à la solitude à un degré des plus rares; et dans l'asile religieux où il semblait devoir trouver sans peine le recueillement et la paix, » le Seigneur disposa les choses de telle sorte, qu'il y rencontra le vide, l'agitation et la douleur. Destiné à donner au monde un exemple éclatant de vie pauvre et mortifiée à l'extrême, il vit se fermer devant lui

---

[1] S. François de Sales. *Entret.* xix. Sur les vertus de saint Joseph. — [2] *Ragguaglio della vita del servo di Dio Benedetto Giuseppe Labre*, p. 44. — [3] *Ibid.*, p. 51. — [4] *Ibid.*, p. 140. — [5] *Ibid.*, p. 188.

les sanctuaires monastiques de la pénitence. Il allait bientôt supporter en son corps des privations que le plus rigide des religieux aurait peine à s'imposer ; et sa santé ne résista pas à la vie commune de Sept-Fonts. Les supérieurs, que la charité contraignit de le renvoyer dans le monde, devaient écrire un jour : « Il vivait plus austèrement à Rome, au total, que parmi nous [1]. »

Son séjour à la Chartreuse de Montreuil ne fut pas plus long qu'à celle de Longuenesse. « Avec une joie incroyable, il se mit à observer exactement l'étroite règle de cet ordre, à pratiquer toutes les austérités auxquelles on se livrait. Mais cette consolation fut d'un moment [2]. » Il en sortit pour les mêmes causes que la première fois. Sans connaître encore les véritables desseins de Dieu sur son âme, il pouvait écrire : « Je regarde cela comme un ordre de la divine providence qui m'appelle à un état plus parfait. Les chartreux m'ont dit eux-mêmes que c'était la main de Dieu qui me retirait de chez eux. » Seulement il ajoutait : « Je m'achemine vers la Trappe, ce lieu que je désire tant et depuis si longtemps [3]. » On ne l'y admit pas plus qu'auparavant. A Sept-Fonts, où il crut trouver « le lieu que Dieu lui destinait pour y terminer ses jours, il sentit plus qu'ailleurs la miséricordieuse main de son bien-aimé, qui le rapprochait de plus en plus de lui par les voies douloureuses, et le faisait languir d'amour [4]. » Après quelques mois, il en sortit, « sa santé ne lui permettant pas de soutenir les austérités qui s'y pratiquent [5]. »

A partir de ce moment, il comprit que Dieu ne le réservait

---

[1] Lettre de l'abbé Casamara. *Ragguaglio, etc.*, p. 149. — [2] *Ibid.*, p. 53. — [3] Lettre écrite par le vén. serv. de Dieu à ses parents, le 2 oct. 1769. Pièces justif. du *Ragguaglio, etc.*, n. v. — [4] *Ibid.*, p. 59. — [5] *Ibid.* Pièces justif., n. iv. Certificat du P. Cellerier.

pas pour l'état religieux, et il n'y revint plus dans la suite, malgré l'occasion qui lui en fut offerte. C'était dans un de ses pèlerinages à Lorette ; un bienfaiteur, touché de compassion, lui proposa de le faire admettre chez les Camaldules. « Benoît répondit : J'y penserai. » Quelques jours après, sa réponse fut : *Ne parlez pas aux religieux, Dieu ne le veut pas.* L'homme charitable insista, lui montrant qu'avec moins de peine il pourrait se sanctifier en religion. *Comment voulez-vous mener une vie aussi misérable,* lui disait-il, *quand vous pourriez en faire une méritoire également, mais plus facile ?* Benoît répondit : *Dieu me veut par ce chemin*[1].

Demeurer parmi les siens qui le chérissaient, pouvait bien moins encore le conduire au terme fixé par le Seigneur. Prenant donc irrévocablement sa résolution, il écrivit à ses parents une lettre où il leur faisait « ses adieux pour toujours ; après cette époque, ils n'eurent plus de lui aucune nouvelle, ils ne surent où il était[2], » jusqu'au moment où Dieu le manifesta au monde après sa mort.

Cet éloignement de ceux qu'il aimait ne provenait pas d'insensibilité naturelle. Sa mère avait, par ses instances pour le retenir, rendu ce sacrifice préférable à des luttes trop sensibles. Avant de partir pour la Chartreuse, Benoît-Joseph avait laissé entrevoir des tendances pour un genre de vie dont le cœur maternel ne pouvait supporter l'idée. Trop chrétienne pour essayer de lutter contre Dieu, elle ne voulait pas, il est vrai, s'opposer à la volonté du Seigneur ; mais sa tendresse se récriait douloureusement contre un tel

[1] *Ragguaglio della vita del servo di Dio Benedetto Giuseppe Labre*, p. 203. — [2] Dép. des parents. *Ibid.*, p. 195.

projet. « Elle refusait de consentir au départ de son fils,
parce qu'en sortant de la maison paternelle, il ne trouverait
pas, disait-elle, les moyens de subsister. » Mais lui recourut à cette parole, qui fut, toute sa vie, son arme puissante :
Avec la grâce de Dieu nous pouvons tout. Il répondit :
*Laissez-moi aller, ma mère, je vivrai de racines, comme
les anachorètes ; avec la grâce de Dieu, nous pouvons
encore vivre comme eux* [1]. » Cette « pauvre mère tempo-
relle [2] » ne se rendit pas, et ce cœur affligé mérite compassion ; Benoît-Joseph n'en fut que plus admirable. Elle lui
représentait non-seulement « qu'il ne retrouverait nulle
part le bien-être de la maison paternelle, et qu'il pouvait
espérer, comme aîné, des avantages sur les autres enfants ; »
elle ajoutait « qu'en cette même qualité, il lui appartenait
d'être l'égide de ses frères et sœurs. » A ce double motif,
tiré des avantages temporels et des devoirs de la charité, se
joignaient les sollicitations et les oppositions du dehors.
« Le bruit du long et glorieux combat que le Seigneur donnait à Benoît-Joseph de soutenir pour remporter la victoire,
ne se renferma pas dans l'enceinte du foyer domestique ; il
se répandit dans tout le pays, et il n'y eut personne, soit
parent ou ami, qui ne vînt y prendre part, s'efforcer de
détourner le serviteur de Dieu de son dessein. » Lui, toujours « gai, de bonne humeur et obéissant, souffrait en
grande patience les paroles dures et piquantes que ses
parents aussi bien que le vicaire d'Amettes lui ont dites. »
Ceux-ci agissaient « en de bonnes intentions ; ils croyaient
bien faire en essayant de rompre de pieux desseins qui

<hr>

[1] *Ragguaglio della vita del servo di Dio Benedetto Giuseppe Labre,* p. 48
et 103. — [2] S. François de Sales. *Lettres.*

troublaient, contristaient et alarmaient toute la famille, et surtout la mère[1]. »

III

Cette lutte toutefois avait porté, moins encore sur le projet exécuté depuis, que sur le désir de se retirer à la Chartreuse : « Voyant que l'entrée de la religion ne pouvait pas s'ouvrir devant lui, Labre se ferma volontairement, nous l'avons dit, le retour à la maison paternelle. Plein de confiance, il recourut à son Dieu, par une fervente prière, le suppliant d'être son escorte et son guide. Son espérance ne fut pas vaine. Il descendit en son âme un rayon de lumière lui montrant la voie pour arriver au terme de l'entreprise inspirée à son cœur. » Il savait, comme l'éternelle vérité nous l'enseigne[2], que renoncer à ses richesses est plus parfait que les bien employer. « Par amour de la sainte pauvreté, si chère au Rédempteur crucifié, après avoir courageusement surmonté toutes les difficultés qui s'opposaient à son pieux dessein, il prit finalement, lui aussi, la forme de pauvre. Il le fit à l'imitation de Jésus-Christ, dont il se résolut à suivre les traces, pour vivre et mourir dans une extrême mendicité[3]. »

Près des siens et dans son propre pays, une telle existence n'était pas possible. « Depuis ce moment, la France ne sut plus rien de lui jusqu'à sa mort, c'est-à-dire durant un espace d'environ treize ans. Son secret, ajoute le confesseur, était si inviolable, que je ne parvins pas moi-même à

---

[1] *Ragguaglio della vita del servo di Dio Benedetto Giuseppe Labre*, p. 43 et 48. — [2] LUC. XVIII. 22. — [3] *Ragguaglio, etc.*, p. 185.

connaître sa condition de naissance, ni l'état de sa famille. Il me vint la curiosité de le savoir, je l'interrogeai ; il me dit seulement le nombre des frères et sœurs qu'il avait laissés en partant, ajoutant qu'il ne savait rien de ses parents, s'ils étaient vivants ou morts[1]. » — « Il se dépouilla de tout, abandonnant pour toujours son pays et sa famille qu'il aimait. Plein de courage, il entreprit cette œuvre ardue, se confiant dans l'unique soutien du *Tout-Puissant qui le portait*, ainsi qu'il écrivit en sa lettre d'adieu[2]. » Il partit sans jeter un regard en arrière, et il commença la série de ses pèlerinages, dont la plus ardente charité fut le but.

Dès ce moment, le monde ne le comprit plus ; il ne vit en lui qu'un homme oisif, courant les grands chemins, en misérable, « *per uno spirito di andar vagabondo*[3]. » Et Benoît-Joseph, entrant par humilité dans cet esprit, n'avait d'autre réponse à donner, quand on lui demandait la raison de son éloignement de la France.

Il partit pour Rome, où Dieu le conduisait par un de ces appels intérieurs dont lui seul a le secret, et qui « attirent les cœurs comme un aimant[4]. » Il s'y rendit par Lorette, Assise et les autres lieux de dévotion sur le passage. C'était à la fin de 1770.

L'année suivante, repartant pour Lorette, il visita le sanctuaire de saint Romuald, l'un des plus illustres patriarches de la vie solitaire[5]. Il fit un pèlerinage à Saint-Nicolas de Bari, à Saint-Michel du mont Gargano, à Saint-Janvier de Naples, puis à Rome et à Lorette. En 1773, l'amour pour

---

[1] *Ragguaglio della vita del servo di Dio Benedetto Giuseppe Labre*, p. 173 et 174. — [2] *Ibid.*, p. 185. — [3] *Ibid.*, p. 175. « Par goût de voyager en vagabond. » — [4] *Ibid.*, p. 65. — [5] A. Fabriano.

saint François *poverello* de Jésus–Christ, le conduisit à l'Alverne, et il reprit le chemin de Rome l'année suivante. Il retourna en France pour le pèlerinage de Sainte-Claude; mais il se tint bien loin de son pays. Dans le même hiver, il visita Einsiedlen, revint en France, passa aux sanctuaires d'Allemagne, puis de nouveau en Suisse et à Rome pour le jubilé de 1775. Lorette et Einsiedlen le revirent en 1776, ensuite l'Allemagne et Rome. C'est alors que, à l'exception de ses pèlerinages annuels à Lorette, il ne quitta plus la ville sainte.

Voici l'édification qu'il donna dans ces pénibles voyages : « Il les fit toujours à pied, n'ayant pas le nécessaire, mal vêtu, négligeant tout ce qui pouvait le défendre contre les intempéries des saisons, toujours infatigable, transporté du pur amour de Dieu et de sa très–sainte Mère. Il vint à l'église de bon matin, dit le curé de Fabriano, comme un pauvre, couvert d'un long vêtement gris, et d'un autre plus petit en forme de rochet. Il portait un chapelet au cou, une ceinture de corde avec une poche d'un côté, un petit paquet de l'autre. Il entendit toutes les messes jusqu'à midi, avec grande dévotion, constamment immobile et les mains jointes. J'y retournai l'après–midi, et je le retrouvai là où je l'avais laissé le matin, les yeux tournés du côté de la statue de saint Jacques. » Il demandait à y demeurer pendant la nuit; mais, ajoute le curé, « je ne le voulus pas permettre par compassion; je voyais qu'il n'avait pris aucune nourriture, ayant passé toute la journée à l'église. » On le logea dans un hospice où « il resta quinze jours sans se coucher, ni vouloir qu'on lui procurât de quoi se nourrir. Il disait au sacristain que *les pauvres doivent aller mendier ce qui suffit pour soutenir le misérable corps; que pour lui, il se contentait de la charité qu'on lui faisait d'un asile.* »

A Lorette, un prêtre « vit que ce pauvre avait passé la nuit sur le pavé, à l'extérieur de l'église, devant l'une des portes latérales. Touché à la fois de compassion et de dévotion, il ne put s'empêcher de dire à l'inconnu : *Pourquoi donc avez-vous dormi en cet endroit? Ne savez-vous pas que le froid et le courant d'air du clocher peuvent vous faire mourir?* A quoi l'inconnu répondit avec modestie : *Dieu le veut ainsi.* » On eut ensuite de la peine à lui faire accepter un réduit dans quelque maison de la campagne. « Quant à sa nourriture, il faisait son repas ordinaire des herbages jetés des fenêtres, des feuilles de salade, de choux et autres semblables. Il donnait aux pauvres ce qu'il recevait en aumône [1]. »

Quand il consentait à occuper pour la nuit quelque coin retiré d'une pieuse maison, son héroïque vertu produisait sur ses hôtes une impression dont le fait suivant donnera l'idée. D. Michelange Santucci l'avait eu plusieurs jours chez lui; « au moment où Benoît-Joseph le quitta, il éprouva tant de chagrin, qu'après l'avoir accompagné sur le chemin, il se sépara de lui fondant en larmes, et il se retira dans sa chambre pour donner un libre cours à sa peine [2]. »

Tels furent, avec bien d'autres actions inspirées par l'amour de Dieu et du prochain [3], les pèlerinages qui commencèrent l'admirable vie du serviteur de Dieu.

---

[1] *Ragguaglio della vita del servo di Dio Benedetto Giuseppe Labre*, p. 75, 186 et suiv. — [2] *Ibid.*, p. 242. — [3] On peut voir entre autres ses visites aux malades, et les consolations que ceux-ci en retiraient. *Ibid.*, p. 126 et suiv.

IV

Une grâce qu'il eut vers l'âge de cinq ans devint comme
la lumière de toute sa vie. Nous avons vu que, dès ce
temps, il s'appliquait à se former un cœur semblable à
celui du Sauveur bien-aimé. Il en reçut l'image, et il disait
que le parfait imitateur de Jésus - Christ « doit avoir trois
cœurs en un seul : le premier *tout pur, tout sincère et tout
saint,* pour aimer et servir notre Dieu, pour supporter avec
patience les croix qu'il lui plaira de nous envoyer pendant le
cours de notre vie; le second *tout ouvert, tout amoureux,
tout répandu* au service de notre prochain, particulièrement
pour la conversion des pécheurs et le soulagement des âmes
du purgatoire; le troisième *tout constant, tout sévère, tout
fort* contre nous-mêmes, pour n'accorder aucune satisfaction
aux passions mauvaises, pour détester tout plaisir des sens,
mortifier et crucifier le corps que le Seigneur récompensera
dans l'autre vie, d'autant plus que nous l'aurons méprisé
davantage dans celle-ci. Enfin, le fond de ce cœur où les
trois s'unissent pour n'en former qu'un, doit être *tout mansuétude, paix et humilité* [1]. » Telle fut l'impression de son
enfance. Bien longtemps après, dans un pèlerinage à
Fabriano, une malade qu'il visitait, « le voyant tout en-
flammé d'ardeur à parler de Dieu, » le pria de lui enseigner
à l'aimer. Il lui répondit, à peu près dans les mêmes termes,
« qu'il fallait trois cœurs en un seul : le premier tout amoureux envers Dieu, parler de Dieu et opérer pour Dieu; le

---

[1] *Ragguaglio della vita del servo di Dio Benedetto Giuseppe Labre,* p. 7.

second tout miséricordieux et doux vis-à-vis du prochain ; le troisième cruel envers soi-même, agissant toujours contre la propre volonté [1]. » Nous le répétons, cette image d'un sens profond lui servit à régler sa vie.

Et d'abord, son union perpétuelle avec Dieu motivait ce mot d'une lettre où l'on disait de lui : « Je vous envoie un saint qui passe toute sa vie en oraison [2]. » Les grâces qu'il ne pouvait cacher, malgré ses efforts, montraient à quel point cette union était parvenue. « Élevé aux plus sublimes degrés de la contemplation, il fut favorisé des dons surnaturels qui ont continué d'y correspondre [3]. » Dans l'église de la sainte maison à Lorette, « un prêtre observait, un jour, par la grille de son confessionnal, ce que faisait Benoît ; il le vit la face toute rouge et enflammée, les yeux fixés vers le ciel, les bras étendus en haut, comme hors de lui-même. Il lui semblait que ses genoux ne touchaient plus au pavé, mais qu'il était élevé de terre. A Rome, des témoins très-dignes de foi ont vu le serviteur de Dieu dans le même état, pendant qu'il priait en quelque recoin des églises. Il s'efforçait de se cacher et de résister, pour ne pas laisser apercevoir au dehors les opérations intérieures de l'Esprit-Saint qui le tirait à lui ; mais ses extases et ses ravissements étaient trop fréquents pour qu'il pût y réussir toujours. Une fois qu'il se sentit enlever par une douce et forte violence, il saisit la balustrade voisine, et on l'entendit qui disait : *Mon Dieu, je la veux de vous cette miséricorde ; oui, je la veux.* Il priait le Seigneur de ne pas permettre qu'il fût publiquement

[1] *Ragguaglio della vita del servo di Dio Benedetto Giuseppe Labre*, p. 128. — [2] *Ibid.*, p. 78. Lettre écrite à une religieuse de Sainte-Claire à Monte-Lupone, dans un des pèlerinages de Labre à Lorette. — [3] *Ibid.*, p. 216.

ravi. » Quand il ne pouvait l'obtenir, « il regardait tout effrayé autour de lui, si quelqu'un n'avait pas remarqué ce qui venait de se passer [1]. »

A l'hospice des pauvres, où il se retirait pour la nuit, les dernières années, « il se tenait à genoux, immobile comme une statue, répondant aux prières avec une ferveur admirable. D'autres fois, gardant le silence, il semblait comme hors de lui, plongé en un doux sommeil, d'où il sortait en fixant les regards sur l'image de Marie, car il paraissait entraîné de ce côté par le ravissement. Étonnés de cette façon de prier, les autres pauvres se faisaient signe entre eux, disant : *Vois donc Benoît qui s'en va en extase.* Un soir qu'il se dirigeait vers cette maison, un des pauvres l'observa ; il marchait en contemplant la lune qui brillait. De temps en temps il étendait le cou, comme tiré vers le ciel, puis il baissait la tête, louant le Créateur par d'affectueuses paroles. Le pauvre hâte le pas, et se rapproche de manière à n'être pas vu, car il voulait écouter ce qu'il disait. Benoît parlait en français, et il ne put l'entendre, ne comprenant pas ce langage [2]. »

« Que se passait-il dans l'esprit du serviteur de Dieu en ces élévations sublimes, et à quelles amoureuses caresses était conduite cette âme dans l'intime union à son bien-aimé? Il n'est pas facile de le dire. » Il écoutait alors cette langue du ciel, dont les charmes le laissaient rarement redescendre à celle de la terre. De là « son inviolable et perpétuel silence ; il parlait d'autant moins avec les hommes, qu'il le faisait plus avec Dieu ; il ne disait pas une parole qui ne fût

---

[1] *Ragguaglio della vita del servo di Dio Benedetto Giuseppe Labre*, p. 217 et 218. — [2] *Ibid.*, p. 212 et 216.

nécessaire ; à peine, parfois, pouvait-on en compter une dans un mois tout entier. Silence qui démontrait son amoureuse conversation intérieure avec son Dieu [1] ; » silence qui « révérait et adorait la parole éternelle [2]. »

Benoît-Joseph ne s'écartait jamais de ses habitudes de réserve à l'hospice, avec les autres pauvres ses compagnons. Tant qu'ils s'entretenaient de « choses indifférentes, quoique permises, il se retirait à part en oraison. Mais s'il entendait parler de Dieu, il accourait tout empressé pour s'unir à eux en son centre. » Il mêlait à la conversation quelques « paroles rares, provenant toutes du divin amour, et enflammées de la douce dilection, telles qu'il en proférait jusque dans le sommeil [3]. »

Il puisait encore dans la prière la science qui étonna son confesseur, ainsi qu'il le rapporte : « Je reconnus, dit-il, en cette âme une lumière non commune. J'en demeurai d'abord tout surpris, et je ne pus m'empêcher de lui demander s'il avait étudié les matières de la théologie. Il me semblait étrange qu'un homme sans instruction parlât de ces choses avec la même facilité qu'un excellent maître. Il me répondit qu'il n'était qu'un pauvre ignorant [4]. »

Les grâces intimes de l'oraison lui donnèrent surtout la science préférable à toutes les autres, la science des parfaits qui vont à Dieu par Jésus, comme le dit sainte Catherine de Sienne [5], et par Jésus crucifié ! Il entra profondément dans la connaissance du Verbe incarné, souffrant et mourant pour nous. « L'amour que cette continuelle méditation lui donnait

___

[1] *Ragguaglio della vita del servo di Dio Benedetto Giuseppe Labre*, p. 216, 82, 115 et suiv. — [2] *Paroles de* sainte Chantal. — [3] *Ragguaglio, etc.*, p. 115 et suiv. — [4] *Ibid.*, p. 85. — [5] *Dial.* De la prière, c. LXXV.

était si grand qu'il ne pouvait le contenir en son cœur. Il l'exhalait en soupirs enflammés, s'écriant, quand il croyait n'être pas entendu : *A moi, Seigneur, à moi votre croix* [1]. *Ah! Seigneur, cette croix ne va pas sur vos épaules, mettez-la sur les miennes ; comme pécheur, il convient que je la porte* [2]. »

La sainte Eucharistie, « mémorial de la mort du Seigneur [3], » mystère d'humiliation et d'amour, attirait puissamment son cœur. « Une dévotion qu'on ne saurait exprimer lui mérita le nom de *Pauvre des quarante heures.* » Dans les églises de l'Exposition, « il passait des journées entières à genoux devant l'autel ; et son extérieur démontrait ce qu'était l'incendie de son cœur. On le voyait tantôt immobile comme une statue de marbre, tantôt la poitrine haletante, les yeux languissants, le visage embrasé comme un séraphin du ciel. Il y demeurait jusqu'au moment où l'église se fermait le soir ; là où on la tient ouverte, il y restait toute la nuit [4]. »

La vie divine répandue avec plénitude en Marie, et en abondance dans les saints, lui fit concevoir une grande dévotion pour ces glorieux serviteurs de Dieu et pour la Vierge immaculée. « Enfant, il la choisit pour sa mère et lui offrit les plus respectueux et les plus tendres hommages de sa pieuse affection. Alors surtout que, pour obéir à la voix du Bien-Aimé, il eut abandonné sa mère selon la chair, il voua un amour tout particulier à cette Mère divine. En signe extérieur de son filial attachement, il porta toujours, depuis

[1] *Ragguaglio della vita del servo di Dio Benedetto Giuseppe Labre,* p. 221. — [2] *Ibid.,* p. 117. Un religieux, professeur au collége romain, en fut témoin plusieurs fois, à Saint-Ignace, au moment où Labre se croyait seul dans l'église. — [3] Hymne du Saint-Sacrement. — [4] *Ragguaglio, etc.,* p. 222.

ce moment, un chapelet suspendu à son cou. » Il n'avait pas d'autre salut, en abordant, que celui-ci : « Sian lodati Gesu e Maria [1]. Il récitait chaque jour le rosaire et le petit office. » A sa prière du matin, il confiait le monde entier à la protection de Marie, en disant : « Soyez l'escorte de tous, aujourd'hui et toujours. » — « Je veux dormir sous votre manteau, » étaient chaque soir ses dernières paroles.

Quant aux saints, il avait pour eux les sentiments que la perfection de l'esprit chrétien donne aux âmes. Il témoignait en toute circonstance une affection particulière à ceux qu'il avait choisis pour ses protecteurs. C'étaient « les saints apôtres Pierre et Paul, saint Jacques le Majeur, saint François d'Assise, saint Romuald, saint Nicolas de Bari et d'autres dont il vénérait continuellement les précieuses mémoires. »

V

Ainsi fut, en Benoît-Joseph, le premier cœur tout amoureux envers Dieu, parlant de Dieu et opérant pour Dieu. » Comment se manifesta le second, « tout miséricordieux et doux vis-à-vis du prochain [2]? » Quelques traits vont nous en donner une idée.

« A juger suivant les apparences et la coutume du monde, la vie de Benoît-Joseph semblait être celle d'un homme songeant à lui seul, ne prenant nul souci des autres, inutile ou plutôt à charge à la société. » Mais si l'on voit les choses

[1] *Ragguaglio della vita del servo di Dio Benedetto Giuseppe Labre,* p. 227 et 216. « Soient loués Jésus et Marie. » — [2] Paroles du vén. serv. de Dieu à la malade de Fabriano.

à la lumière de la vérité, on ne peut s'empêcher d'y reconnaître « un grand amour pour le prochain, tant au spirituel qu'au temporel. Au spirituel, par ses ferventes prières à Dieu pour toutes les créatures du monde ; présentant chaque jour son cœur au souverain bien, protestant qu'il voulait suppléer à l'amour, aux actions de grâces que ne lui rendent pas les hommes ingrats, recommandant les âmes du purgatoire, priant pour la conversion des pécheurs et des infidèles du monde entier, déclarant que pour eux il verserait volontiers tout son sang. » Il témoigna encore de sa charité envers le prochain par les encouragements de toute nature qu'il donnait aux âmes en peine. Ses paroles étaient si efficaces, qu'on ne pouvait les entendre sans retrouver l'encouragement et la paix. Une pauvre malade visitée par lui dans l'un de ses pèlerinages l'éprouva d'une façon bien sensible. Ravie de la douceur des consolations qu'elle recevait, et inondée de joie, elle disait en elle-même : « Ou c'est Jésus-Christ, ou c'est un saint » qui me parle. L'impression de ceux qui le voyaient pour la première fois était une pieuse tendresse, » et plus on pénétrait en son âme, plus on en goûtait la suavité. On peut lui rendre ce témoignage : « Le monde crut que Benoît-Joseph s'était tu, et il a beaucoup parlé en peu de paroles. Il l'a fait en apôtre ; car doué de lumières surnaturelles et de la pénétration des cœurs, il employa cette grâce céleste à l'avantage des âmes. Il le faisait secrètement, avertissant de leur triste état les pécheurs qu'il rencontrait [1], » avec une onction d'amour que son humilité rendait toute-puissante.

[1] *Ragguaglio della vita del servo di Dio Benedetto Giuseppe Labre*, p. 121, 67, 210, 213, 120, 145 et 132.

« Il se croyait plein de malice plus que qui que ce fût, et savait par là compatir aux défauts et aux manquements des autres. Rempli de zèle pour les instruire et les corriger à l'occasion, » il s'y employait « avec d'amoureuses paroles, dites à propos, en citant des textes et des exemples de la sainte Écriture qu'il avait toujours présents. » Une fois, étant à Lorette, « il se retirait vers le soir dans la maison de ses bienfaiteurs. A l'entrée de la boutique, il rencontra un prêtre, d'ailleurs exemplaire, qui fit entendre des paroles de blâme sur certains jeunes gens se promenant dans la ville avec des personnes d'un autre sexe. *Que vous en semble?* dit-il ensuite à Benoît. Le serviteur de Dieu se troubla et lui répondit humblement : *La sainte charité... je n'irais pas ainsi.* Puis il rentra dans la maison [1]. »

Sa compassion pour toute créature s'étendait même à ces malheureux esprits des ténèbres « révoltés contre Dieu par orgueil, « bien que créés pour le louer, le glorifier et participer à sa beauté [2]. » — « Un soir qu'un pauvre, dans un mouvement de colère, avait maudit le démon, Benoît l'avertit qu'il ne convenait pas de le faire, parce qu'il est créature de Dieu. » Il ajouta : « On lit dans les divines Écritures que l'archange saint Michel, combattant avec lui, n'osa pas le maudire, mais lui dit simplement : *Que Dieu te juge* [3]. »

Ces traits suffisent pour montrer le zèle qu'il portait à l'avancement spirituel de ses frères. Sa charité dans l'ordre temporel ne fut pas moins admirable.

Si le denier de la veuve fut plus estimé du Seigneur que

---

[1] *Ragguaglio della vita del servo di Dio Benedetto Giuseppe Labre*, p. 177, 130 et suiv. — [2] Ste CATHERINE DE SIENNE. *Dial.* De la prière, c. LXXXI. — [3] *Ragguaglio, etc.*, p. 131.

l'abondant superflu donné en aumône par le riche, quel prix
n'eurent pas à ses yeux les offrandes que le pauvre mendiant
faisait à ses frères pour être « portées par leurs mains dans
les trésors éternels? » Car « il donnait de son indigence tout
ce qu'il avait pour vivre[1]. » — « Il subsistait à peine d'aumônes
spontanément offertes ; il les recevait en petite quantité, et
encore en offrait-il une portion aux autres[2]. » Comme il
arrive souvent à Rome, où le cœur des plus dénués s'atten-
drit à la vue du mendiant leur tendant la main, bien des fois
un secours lui fut offert par une indigence voisine de la
sienne ; mais lui refusait avec une douce tendresse, et disait :
« Vous êtes pauvres, vous aussi ; ne vous privez pas de cet
argent. » Il le faisait beaucoup plus encore lorsque, par une
connaissance surnaturelle, il se voyait préféré à quelqu'un
de ses frères. « Je ne la prends pas, disait-il à ceux qui lui
présentaient une aumône ; je sais que pour me la donner
vous la retranchez à un autre pauvre[3]. »

Un de ces traits de charité fut pour lui l'occasion d'une
grâce d'un mérite plus relevé encore. « Il venait de donner
à un autre mendiant un baïoque reçu en aumône. Cet acte
fut attribué à l'orgueil et à l'avarice par le bienfaiteur, qui
le frappa d'un bâton, en ajoutant cet amer reproche : *As-
tu donc la prétention que je te donne un sequin?* Le serviteur de Dieu supporta tout avec une admirable patience ;
il alla, se réjouissant en son cœur, parce qu'il avait été
trouvé digne de souffrir cet affront pour l'amour de
la charité. Plus tard, le bâton fut déposé près de son

---

[1] Luc. XXI. 4. — [2] Acte authent. déposé dans le cercueil du vén. servit. de
Dieu. *Append.* Pièces justif., n. VI. — [3] *Ragguaglio della vita del servo di Dio
Benedetto Giuseppe Labre,* p. 67 et 123.

tombeau, en gage de repentir, par celui qui l'avait frappé[1]. »

L'exercice de la charité spirituelle lui attira un traitement plus cruel, dans la circonstance que voici : « Un jour, une troupe d'oisifs étaient à jouer dans le Colisée. Le serviteur de Dieu, s'approchant avec douceur, leur dit : *Mes pauvres enfants, ceci n'est pas la fin pour laquelle Dieu vous a créés et vous conserve en ce monde.* A ces mots, ils se prirent d'une grande colère, et saisissant des pierres, ils se jetèrent sur lui, en le frappant sans aucun égard. Un passant accourut pour le défendre ; mais l'humble serviteur de Dieu l'arrêta par ces paroles : « Laissez-les faire ; si vous saviez qui je suis, vous me traiteriez plus mal encore[2]. »

VI

Ces faits suffiraient pour montrer comment le troisième cœur de Benoît-Joseph était « cruel envers lui-même ; » comment, réunis en un seul, les trois n'en formaient qu'un, et n'offraient en toute chose que mansuétude, paix et humilité. » L'héroïsme de la vertu qui brillait en lui, sous bien d'autres rapports, ne nous permet pas de nous arrêter à ce point.

A l'extérieur, il offrait un spectacle aussi repoussant pour la délicatesse humaine, que glorieux devant Dieu. « Les cheveux et la barbe en désordre, les jambes nues, vêtu d'une capote grise et décolorée reçue en aumône plusieurs années auparavant, s'ajustant mal à son corps, toute consumée de vieillesse, déchirée et tombant en lambeaux, hideuse de

<hr>

[1] *Ragguaglio della vita del servo di Dio Benedetto Giuseppe Labre*, p. 105. — [2] *Ibid.*, p. 172.

malpropreté, devenue l'asile d'insectes dégoûtants, mal retenue par une vieille ceinture de corde, où pendait une écuelle
pour ainsi dire hors d'usage : » tel apparaissait Labre, au
moment où il était le plus grand devant Dieu. Car son confesseur, qui nous l'a décrit de la sorte, pouvait ajouter : « Si
depuis son enfance, dans les années qui précédèrent sa
mort, il avait couru dans la voie des divins commandements,
il volait en séraphin dans celle-ci. Sa ferveur avait crû au
point de le rendre comparable à un flambeau qui se con-
sume : il était devenu comme un squelette revêtu de la
peau, ne pensant qu'à aimer Dieu, à châtier sa chair et à la
réduire en servitude. » Un jour, « je le considérais de la
tête aux pieds ; le voyant, contre son usage, appuyé sur un
bâton, exténué à l'extrême, réduit à l'état de cadavre, et
sachant bien que son genre de vie en était la cause, je me
dis intérieurement : *Il va mourir martyr de pénitence;
voilà où l'ont amené ses austérités.* Mais je ne me sentis pas
le cœur de lui demander comment il allait. Il me vint beaucoup moins à la pensée de modérer ses rigueurs ou de l'en-
gager à se soigner davantage, malgré l'affection toute
spéciale que je lui portais ; » et cela parce que, « dès les
premiers jours où il me fit connaître son intérieur, j'exa-
minai attentivement son genre de vie, qui s'éloignait tant de
l'ordinaire. Après de mûres réflexions, je reconnus que Dieu
le guidait, et qu'il fallait approuver en tout point cette
manière d'être[1]. »

Pour ce qui regarde en particulier ses vêtements, à l'exemple de saint Hilarion dans sa solitude[2], il endurait volontai-

____

[1] *Ragguaglio della vita del servo di Dio Benedetto Giuseppe Labre*, p. 83,
178, 87, 88, 139. — [2] S. JÉRÔME. *Epist.* lib. III, ep. II. *In Vit. S. Hil.*

rement ce que ce saint Thomas, archevêque de Cantorbéry et chancelier du royaume, supporta par amour de la mortification et de la pauvreté, au milieu du luxe et de la mollesse, à la cour d'Angleterre [1]; ce que naguère l'esprit de pénitence inspirait à un homme du monde; ce que des femmes délicates n'hésitent pas à accepter de nos jours, en France comme ailleurs, pour exercer près des pauvres leurs actes de charité. « Il avait laissé son corps en abandon, » le livrant à « la mortification douloureuse causée à ses membres épuisés par la multitude d'insectes dont il ne cherchait nullement à se délivrer. Bien plus, il résulte de la relation authentique venue de Lorette, et des observations faites à Rome, qu'il avait absolument voulu ce tourment si afflictif et si humiliant. » Seulement, par esprit de charité, il prenait toutes les précautions pour épargner aux autres le dégoût qu'il pouvait leur causer en cela. « Il vivait séparé des pauvres eux-mêmes, et ne s'en approchait jamais. Dans les églises, il se mettait toujours en un lieu à part et solitaire; si quelqu'un venait près de lui, il s'éloignait aussitôt, malgré les instances qu'on pouvait lui faire. Un témoin constate comme il suit un fait de ce genre arrivé à la madone de Lorette, sur la place Trajane : « A peine m'approchai-je qu'il quitta la balustrade pour me céder la place, et il s'agenouilla sur le pavé; je ne voulus pas abuser de sa réserve, et je le pris doucement par le bras en le priant de rester où il était, car on pouvait y tenir deux; mais il voulut demeurer sur le pavé jusqu'au moment où la bénédiction fut donnée [2]. »

« Celui qui rapporte ce trait en demeura si édifié qu'il en

____

[1] S. Jérôme. *Epist.* lib. III, ep. ii. *In Vit. S. Hil.* — [2] *Ragguaglio della vita del servo di Dio Benedetto Giuseppe Labre*, p. 206 et 124.

profita pour former amitié avec le serviteur de Dieu, dont il devint spécial bienfaiteur, » et on le comprend. Il y a quelque chose de touchant dans cette égalité toute fraternelle dont les églises de Rome offrent l'exemple aujourd'hui comme alors. Naguère encore, notre cœur s'en souvient, un prélat de la sainte Église, un archevêque vice-gérant de Rome, ne prenait-il pas tendrement dans ses bras, à Saint-André delle Fratte, un pauvre qui s'éloignait, lui aussi, par respect? Ne le faisait-il pas demeurer près de lui, agenouillés l'un et l'autre pour prier au même autel? On voyait de ces traits dans Rome au temps de Labre; on en voit encore aujourd'hui, on en verra toujours; car l'esprit chrétien produira jusqu'à la fin parmi nous cette édifiante et fraternelle confusion des rangs, par charité, dans les sanctuaires. On verra s'agenouiller l'un près de l'autre, non-seulement au banquet de la table sainte, mais pendant la prière, le prince et le mendiant, la grande dame et la pauvre femme en haillons; un Rospigliosi, un Borghèse près d'un Benoît-Joseph, que Dieu seul connaît, et qui précédera peut-être au ciel le riche dont l'aumône généreuse sert à racheter bien des fautes.

Quant à notre vénérable serviteur de Dieu, un sentiment de respect pour nos saints mystères le priva d'une grande consolation qu'il se refusa pendant les dernières années de sa vie. « Il s'abstint, malgré le goût tout particulier qui l'y portait, de servir le prêtre à l'autel durant la messe. Il lui semblait inconvenant de le faire couvert d'un vêtement immonde et en lambeaux comme le sien [1]. »

---

[1] *Ragguaglio della vita del servo di Dio Benedetto Giuseppe Labre*, p. 125, 224 et 225.

C'est ainsi qu'il se jugeait dans son humilité. Dieu, pendant ce temps, commençait à faire éclater plus que jamais au dehors les grâces dont l'intérieur de cette âme était rempli. Un témoin fort grave, par le caractère sacerdotal et à bien d'autres titres, le vit sous le porche des Saints Apôtres, deux mois avant sa mort. Il était près de la porte du milieu, brillant d'une vive lumière de la tête aux pieds. « Je demeurai surpris à ce spectacle, dit-il, et je m'arrêtai à le considérer pendant le temps d'un *Ave Maria*. Je disais en moi-même : *Quel étonnant phénomène est ceci?* Il était environné de lumière, dont la plus éclatante partait de la tête [1]. »

Le mouvement intérieur qui le portait à se vêtir comme il le fit, le conduisit également aux grandes austérités de sa manière de vivre. « Sa plus abondante nourriture se bornait à une soupe avec un peu de pain ; sa boisson était un peu d'eau puisée à la fontaine la plus voisine. » L'écuelle qu'il portait à son côté partout peut donner une idée de ce qu'étaient ses repas. « Elle est toute brisée d'un côté, où il en manque un tiers à peu près ; rompue par le milieu, elle est retenue par deux attaches en fil de fer si mal mises qu'elle ne saurait contenir ni bouillon, ni liquides d'aucune sorte. » Tel était le vase destiné à ses plus grands repas ; « bien souvent il ne goûtait pas même de soupe, mangeant ce qu'il trouvait jeté des cuisines dans les rues ou dans les tas d'ordures. En toute circonstance, il mortifiait son goût et sa bouche d'une manière qui fait vraiment horreur [2]. »

La charité pour le prochain l'accompagnait en cette

---

[1] *Ragguaglio della vita del servo di Dio Benedetto Giuseppe Labre*, p. 234. — [2] *Ibid.*, p. 154, 155, 194 et 157.

réfection si mortifiée, quand il la prenait avec ses frères les pauvres. « Il se mettait au dernier rang parmi eux, au moment où l'on distribuait la soupe à la porte des couvents ; quelquefois il n'en restait plus pour lui, ou bien il donnait de sa portion à ceux qui en avaient moins reçu. » On ne saurait trop admirer l'esprit de foi et de tendre reconnaissance pour Dieu qui l'animait en cette action. « Il allait répétant comme en extase : *O Seigneur, quelle grande bonté est la vôtre, de donner à ces aliments la vertu de nous nourrir!* Il semblait absorbé en Dieu ; bien des fois on le vit, avant de manger, prendre son écuelle et l'élever en ses mains ; il offrait cette nourriture au Seigneur, et priait cinq à six minutes, comme en extase[1]. »

Au Colisée, dans cette grande ruine de la puissance humaine, le mendiant, glorifié devant Dieu, ne donnait pas un spectacle moins beau sous les livrées de la pauvreté, cette ruine de notre nature. « A partir de 1777, il avait fixé sa demeure en un creux des vieux murs, près du chemin de la Croix. Il s'y retirait, pendant la nuit, pour donner un peu de repos à ses membres exténués, après des journées entières passées à genoux, ou debout, immobile dans les églises. » Trois ans plus tard, se trouvant en danger de mort, il fut admis dans un hospice destiné au logement de douze pauvres, près de saint Pantaléon-aux-Monti. Là, « il ne se couchait jamais sur le lit qu'on lui avait destiné ; il se contentait de placer un coussin sur un panier, et de s'y jeter pour prendre quelques instants de repos[2]. »

Tel fut cet homme en qui « la continuelle méditation des

[1] *Ragguaglio della vita del servo di Dio Benedetto Giuseppe Labre*, p. 129 et 81. — [2] *Ibid.*, p. 75, 76 et 194.

perfections divines et de sa propre bassesse, donnait une si haute estime de Dieu et de si humbles sentiments de lui-même. Dans tout le cours de sa vie, il ne lui vint pas à la pensée qu'il fût quelque chose de bon; il se considérait, au contraire, comme un monstre d'ingratitude envers son Dieu, et un grand pécheur. » Le monde, qui lui témoigna parfois une estime dont il souffrait si sincèrement, l'aida souvent, par son mépris, à se maintenir en cette humilité bienheureuse. « Provoqué continuellement par des injures, des insultes et des coups, il ne se laissa jamais aller à des actes, des paroles ou des signes d'impatience. On le prit plus d'une fois pour un rusé voleur, et on le maltraitait en cette qualité, sans qu'il se justifiât. Il s'estimait indigne de recevoir l'aumône, et il brillait de joie quand on le croyait orgueilleux et avide d'argent[1]. » Les exemples qu'il donna de cette mansuétude montrent tout le fruit qu'il tira des « dolcissimi doni di Dio, poverta, disprezzo, dolore et altre perfectioni[2] » largement départis à son humilité. Et puisque « le signe de l'amour parfait est la patience qui fait suivre le doux Agneau sans tache[3], » on peut juger de ce que fut en Benoît-Joseph la sainte et parfaite dilection.

Nous pourrions citer plusieurs traits qui saisissent d'admiration; nous n'en rapporterons qu'un seul. « Le serviteur de Dieu passait un jour par la place Trajane; il y rencontra une troupe de jeunes garçons des rues qui l'entourèrent, et commencèrent à lui faire mille insultes. Les uns le

---

[1] *Ragguaglio della vita del servo di Dio Benedetto Giuseppe Labre*, p. 169, 177 et 104. — [2] « Les dons très-doux de Dieu, pauvreté, mépris, douleurs et autres perfections, » suivant le doux langage de sainte Angèle de Foligno. *Opera utile e devota, etc.* (Vie). Tratt. II, c. XXXVIII. Édit. de 1542. — [3] Ste CATHERINE DE SIENNE. *Dial.* De la prière, c. LXXVII.

frappaient à coups de poing, d'autres l'injuriaient en se moquant de lui ; ceux-ci lui jetaient son chapeau à terre, ceux-là
lui arrachaient la barbe. Inaltérable au milieu de ces mauvais
traitements, il ne fit entendre aucune plainte ; il n'ouvrit
pas la bouche, et se laissa outrager à leur gré avec une
souveraine patience. »

Une âme pieuse, touchée de compassion, ne put se contenir ; elle reprocha vivement ces indignités à ceux qui s'en
rendaient coupables. « Voulez-vous donc, leur disait-elle,
lui faire ainsi qu'à Notre-Seigneur Jésus-Christ [1]? » Et
c'était vrai ; Jésus comparaissant devant Hérode, et ne
répondant rien aux princes des prêtres, fut « revêtu d'une
robe blanche [2], » comme un insensé. On voyait ici les enfants
de la cité du monde insulter au pauvre mendiant, imitateur
parfait du silence de son maître ; ils disaient de lui, à l'exemple des chefs ingrats de la Galilée : « *Vous ne le connaissez
pas, c'est un fou.* Parlant ainsi, ils le renversèrent ; et lui,
à cet horrible outrage, ne témoigna nul ressentiment, se
réjouissant d'être réputé fou pour Jésus-Christ [3]. »

Bientôt d'autres enfants, appartenant cette fois à la cité
de Dieu, célébreront les premiers le bienheureux passage
de Labre, entrant, comme on peut l'espérer, dans la joie de
son Seigneur [4]. « Ils crieront dans les rues de Rome : *Le
saint est mort, le saint est mort [5]!* » Car, nous allons le
voir, Benoît-Joseph, pauvre et petit pour l'amour du
Seigneur, fut glorifié par les petits et par les pauvres les
premiers.

[1] *Ragguaglio della vita del servo di Dio Benedetto Giuseppe Labre*, p. 114.
— [2] Luc. XXIII. 11. — [3] *Ragguaglio, etc.*, p. 115. — [4] Matth. XXV. 21. —
[5] *Ragguaglio, etc.*, p. 261.

VII

Le temps approchait où une religieuse de sainte vie devait connaître « qu'une fleur allait être cueillie dans le jardin de D. Paul Mancini [1]. » Bientôt l'enfant des époux Sori, qui attendaient le serviteur de Dieu à son pèlerinage annuel de Lorette, devait leur répéter plus d'une fois : « Benoît ne vient pas, Benoît meurt; c'est le cœur qui me le dit. » On allait voir se réaliser la prédiction rapportée comme il suit : « Huit mois environ avant sa précieuse mort, dit l'abbé Marioni, il vint me trouver plein d'une sainte horreur, de douleur et de confusion. Avec une extrême répugnance, il me déclara ce qu'il avait vu : qu'après sa mort, son corps et son tombeau seraient entourés d'une foule immense de peuple, s'empressant à l'envi pour le vénérer; qu'on lui rendrait des honneurs extraordinaires; que le très-saint sacrement serait enlevé de l'église, et qu'à la place, une multitude de personnes viendraient le vénérer lui-même [2]. » Toutes ces choses et d'autres encore que Dieu fit connaître d'avance, pour la gloire de son serviteur, se vérifièrent à l'heureuse mort que nous allons décrire.

Le vendredi de la Passion, il se confessa pour la dernière fois. « A peine agenouillé, il se mit à pleurer; deux ruisseaux de larmes tombaient de ses yeux paisiblement et sans soupirs ni sanglots. Comme de coutume, ajoute le confesseur, je ne trouvai pas matière à absolution. Je vis de plus

---

[1] Hospice où Benoît-Joseph passait les nuits dans les dernières années. — [2] *Ragguaglio della vita del servo di Dio Benedetto Giuseppe Labre*, p. 260, 261 et 237.

que depuis sa dernière confession, la plus légère tentation
n'avait pas troublé son intérieur tout en paix, serein et tran-
quille. Ceci me montrait qu'il était parvenu au midi de la
belle lumière[1]. »

L'heure de la manifestation glorieuse était venue en effet
pour le vénérable serviteur de Dieu. « Le mercredi saint,
16 avril 1783, il fit, comme de coutume, une longue et fervente oraison, lorsque le matin, vers huit heures, il fut
surpris d'une défaillance mortelle. On le vit gisant, comme
privé de sens et de force, sur les degrés extérieurs de la
Madonna dei Monti, son église de prédilection. On s'em-
pressa pour le secourir, et on lui donna un verre d'eau, car
il l'avait demandé. Il le prit en main, l'offrit dévotement au
Seigneur avec des soupirs enflammés, les yeux levés au
ciel ; puis ayant bu, il éleva de nouveau ses paupières mou-
rantes et ses deux mains, rendant grâces, comme s'il eût
reçu le plus grand soulagement. Ce trait édifiant fit verser
des larmes au témoin qui le raconta[2]. »

Sa faiblesse était si grande qu'il ne pouvait se relever ;
« plusieurs personnes lui offrirent charitablement leur maison pour le recevoir ; il les remercia toutes avec humilité.
François Zaccarelli, boucher aux Monti, en face de la caserne
des soldats Corses, à peu de distance de l'église[3], se présenta. C'était un homme de bien, affectionné au serviteur de
Dieu[4]. Il lui dit : *Benoît, vous êtes mal ; il faut vous soigner ;*

---

[1] *Ragguaglio della vita del servo di Dio Benedetto Giuseppe Labre*, p. 89.
— [2] *Ibid.*, p. 255. — [3] Cette maison est encore occupée aujourd'hui par un boucher. Elle porte le n. 13, *via dei Serpenti*. On y conserve avec respect la
chambre où Labre mourut. — [4] C'était lui qui lui prêtait, chaque année, une
paire de vieux souliers pour son pèlerinage à Lorette. Labre n'en voulut jamais
de neufs.

voulez-vous venir à la maison? Le moribond ouvrit les yeux, les fixa sur François, et répondit : *Chez vous? Oui, je veux bien y aller.* On l'y transporta immédiatement, et, vêtu comme il était, on le déposa sur un lit. » On essaya de le remettre en lui faisant prendre quelque chose; mais il perdit bientôt connaissance; on ne put lui administrer que l'extrême-onction. Et le soir, pendant qu'on récitait les litanies près de lui, « à ces paroles : *Sancta Maria, ora pro nobis,* sans qu'on remarquât en lui aucune convulsion, cet insigne dévot de la Très-Sainte Vierge expira en paix, à l'âge de 35 ans et 24 jours. Il mourut au moment où les cloches de Sainte-Marie-Majeure donnaient le signal du *Salve Regina,* ordonné par le saint-père pour implorer la puissante mère de Dieu dans les besoins de l'Église [1]. »

C'est alors que, « dans la rue, les enfants firent entendre : *Le saint est mort! le saint est mort!* Ils recommencèrent le lendemain matin dans la même rue et sur la place de la Madonna dei Monti. Aux cris des enfants ne tardèrent pas à se joindre les voix et les actes du peuple entier dans Rome. Tous disaient avec le confesseur du vénérable défunt : *Heureuse pénitence, qui sans doute l'a porté d'un vol à la gloire éternelle!* A la nouvelle répandue qu'il était mort un pauvre de sainte vie, les uns ajoutaient : *Sans nul doute, c'est le Pauvre des quarante heures;* d'autres : Saint Alexis est mort! le saint pauvre est mort [2]. »

Pendant les quatre jours qu'il demeura exposé pour satisfaire la dévotion de la ville, « le concours du peuple allait en augmentant sans cesse. On voyait accourir des personnes

---

[1] *Ragguaglio della vita del servo di Dio Benedetto Giuseppe Labre,* p. 256 et 259. — [2] *Ibid.,* p. 261, 90 et 245.

de toute qualité, de tout rang et de toute condition ; les soldats placés aux portes de l'église et autour du cadavre avaient peine à contenir la foule. Pour remédier à des irrévérences inévitables, il fallut non-seulement transporter le saint sacrement dans l'oratoire du collége voisin, mais différer l'exposition solennelle des quarante heures, qui eut lieu cette fois dans l'église de Saint-Quirico. — Ainsi Rome entière fut témoin de l'accomplissement de la prédiction [1] » faite, comme nous l'avons vu, par le serviteur de Dieu.

Les funérailles furent célébrées avec une pompe que relevait l'extrême misère du pauvre mendiant. Par ordre du cardinal-vicaire, le corps fut déposé dans une sépulture distincte à la Madonna dei Monti [2]. On plaça dans le cercueil un acte authentique renfermant ce magnifique éloge : Benoît-Joseph donna en tout lieu d'éclatants exemples de vertus chrétiennes ; il brilla par la pauvreté évangélique pratiquée dans la dernière perfection, vivant misérablement d'aumônes spontanément offertes, dont il gardait une petite part pour lui, donnant le reste aux pauvres. Il édifia par sa profonde humilité, son très-haut mépris du monde et de lui-même, par les rigueurs de la pénitence, par sa continuelle oraison ; il donna l'édifiant exemple du séjour quotidien dans les églises de la ville, depuis le lever jusqu'au coucher du soleil. Insigne dans l'exercice de toutes les autres vertus, aimable et cher à tous, malgré ses dégoûtants haillons, il s'oubliait lui-même et s'appliquait uniquement à plaire à Dieu [3]. »

1 *Ragguaglio della vita del servo di Dio Benedetto Giuseppe Labre*, p. 264 et 238. — 2 Le corps se trouve du côté de l'épître, en face du maître-autel, un peu de côté. — 3 *Append.* Pièces justif., n. VI.

VIII

Tel fut Labre dont la vie montre « quanto piacia a Dio il servizio del povero fedele, che serve per amor senza rispetto di premio [1]. » Toutes ses actions ont été dirigées vers Dieu, en vue du « bien par excellence, montré au monde par le Verbe, dont le privilége est d'élever à une perfection d'autant plus sublime qu'on s'y attache plus étroitement [2]; » car, s'il fut martyr volontaire de la pénitence, il le fut en vue de la charité. « Cette âme pleine de grâce et de vertu, par un ardent amour pour le prochain, mourait continuellement percée de douleur à la vue des offenses faites au Seigneur. Il le disait lui-même, c'étaient principalement les hérésies, l'incrédulité, le luxe, le scandale, les profanations des églises, et la violation des jeûnes commandés par l'Église notre mère [3] » qui le faisaient souffrir ce long supplice d'expiation pour les hommes ses frères selon l'esprit. Il avait abandonné, il est vrai, ses frères selon la chair, ses parents qu'il aimait et dont il était aimé. Et le monde ne l'a pas compris. Cependant on glorifie le soldat mourant pour son pays en fermant les yeux sur l'avenir de sa famille; et l'on a raison. Tout un peuple est justement fier de ces hommes qui préfèrent le bien de tous au bien particulier le plus cher. Pourquoi n'applaudirait-on pas à l'immolation d'une âme généreuse mourant pour tous, en un but plus relevé, sur un champ de bataille,

---

[1] Ste Angèle de Foligno. *Opera utile e devota*, tratt. ii, c. xvii. « Combien plaît à Dieu le service du pauvre fidèle qui sert par amour, sans égard à la récompense. » — [2] Bulle *Supernæ divinitatis* de Benoît IX, en faveur de saint Victor de Marseille. — [3] *Ragguaglio della vita del servo di Dio Benedetto Giuseppe Labre*, p. 255.

où l'on ne sacrifie pas d'autre vie que la sienne? Car, si le bien que se propose l'homme de guerre est grand, celui que l'homme de la pénitence recherche est plus digne encore. « Ce bien est Dieu même ; et il s'appelle la charité, qui, fidèlement gardée jusqu'à la fin, supplée à toutes les lois [1]. » Et Benoît-Joseph n'en eut pas d'autre en vue. « Telle fut la raison de ses pénibles voyages aux sanctuaires : c'est pour cela qu'il s'offrit, et qu'il s'immola réellement en sacrifice de propitiation envers la justice divine, pour les péchés du monde [2]. »

L'Église donc voit, dans la pauvreté pratiquée sous la forme choisie par Benoît-Joseph, un état de vie qu'on peut sanctifier jusqu'à l'héroïsme. Car il imite Jésus-Christ, « celui qui mendie volontairement pour s'abaisser et pour s'humilier lui-même, pour édifier le prochain et l'exciter à la commisération, pour vaquer librement à Dieu en déposant toute sollicitude des choses du siècle. » Parmi ses enfants, si quelques-uns y sont réduits par les infirmités et la misère, elle sait que « cette nécessité peut devenir pour eux une occasion d'entrer dans la voie du salut éternel; » que leur condition « devient louable et méritoire par une sainte patience [3]. » Elle ne leur demande donc pas d'autre travail sur la terre, pour accomplir leur part à la tâche commune, pourvu qu'ils soient d'ailleurs fidèles à ses lois. Le monde peut en juger autrement, cela est vrai; mais elle, qui « n'a d'acception pour personne [4], » à l'exemple de son divin époux, place les saints mendiants à côté des saints

<hr>

1 Bulle *Supernæ divinitatis* de Benoît IX. — 2 *Ragguaglio della vita del servo di Dio Benedetto Giuseppe Labre*, p. 255. — 3 S. BONAVENTURE. *De paupert. Christi*, etc., art. II. — 4 *Rom.* II. 11.

rois, sur les autels. Pauvres volontaires, ou par néces-sité, ils reçoivent les mêmes honneurs souverains, quand l'héroïsme de leur vertu les a mérités. C'est ainsi qu'en parcourant les sanctuaires de Rome, on rencontrera les mémoires du bienheureux mendiant Servulus, dont un grand pape a décrit la vie[1]; celles de saint Alexis et de saint Jean Calybite, honorés à l'égal des plus grands.

En certaines conditions très-relevées devant le monde, et justement estimées de tous, on trouve peu de saints sur les autels. Nous en dirions plusieurs; bornons-nous à une seule, elle suffit pour exemple. Rien de plus honorable, de plus actif et de plus occupé que la vie de l'homme de mer; rien ne surpasse en courage, en dévouement, en habileté les œuvres de plusieurs. Et pourtant nous avons longuement cherché parmi les saints sans en trouver un seul qui donnât à cette profession la gloire supérieure à toutes les autres. Beaucoup, sans doute, y opèrent dignement leur salut devant Dieu, mais le degré de vertus nécessaire à la sancti-fication s'y trouve moins, à ce qu'il semble, malgré tant de fatigues, de dévouement et de peines, que parmi les men-diants. Au temps de Labre, il y avait avec lui dans Rome d'autres pauvres, « grands hommes de bien[2], » marchant comme lui dans les voies de la sainteté. Parmi ceux recueil-lis à l'hospice de Saint-Michel, deux méritèrent qu'on écrivît leur édifiante vie. « Un autre, nommé Théodose, mort, lui aussi, en grande renommée de vertu, était son compagnon et son bienfaiteur à Saint-Pantaléon. De nos

---

[1] S. GRÉGOIRE LE GRAND. Il se sanctifia en mendiant dans l'atrium de l'église Saint-Clément, où une inscription le rappelle encore. — [2] *Ragguaglio della vita del servo di Dio Benedetto Giuseppe Labre*, p. 74.

jours, nous l'avons dit, on vit et l'on meurt en saint dans
les hôpitaux de la ville. Et les flottes de commerce et de
guerre couvrent les mers sur tous les points du monde ; les
marins s'y distinguent souvent par un esprit de foi qui·
console, quelques-uns même donnent des exemples admi-
rables de vertus [1] ; nul toutefois que nous sachions n'a mérité
jusqu'ici l'honneur des autels.

L'humble Benoît-Joseph y arrivera-t-il ? On ne saurait
rien exprimer avant la décision infaillible de la sainte Église ;
mais au point où la cause est parvenue, déclaré vénérable
par héroïcité de vertus, il vous glorifie déjà éminemment, ô
Seigneur ! Il vous glorifie dès aujourd'hui, ô Rome, mère
des pauvres et des petits, à l'exemple du divin maître ; ô
France, douce terre bien-aimée de Dieu, « heureuse d'avoir
donné naissance à cet illustre pénitent [2] ! »

Et vous, Jésus, modèle des pauvres, « protecteur de
ceux qui espèrent en vous, » si vous nous avez donné une
part à cette pauvreté qui vous fut chère, faites-nous mar-
cher humblement et fidèlement sur vos traces, à la suite de
votre serviteur. Si vous nous laissez, au contraire, le poids
de la richesse, vous sans qui rien n'est fort, rien n'est saint,
multipliez sur nous vos miséricordes ; faites que, vous ayant
pour recteur et pour guide, nous traversions les biens temporels de manière à conserver ceux de l'éternité. Amen [3]. »

---

[1] Ainsi nous pouvons citer le commandant Marceau, de si généreuse et si digne
mémoire. — [2] *Mandem. de l'évêque de Boulogne-sur-Mer*, 3 juillet 1783.
[3] Oraison du III° dimanche après la Pentecôte.